ADRESSE

AUX

FRANÇOIS ÉMIGRÉS;

PAR JACQUES RAYMOND,

Administrateur du district de Saumur, & Député-
Suppléant à l'Assemblée nationale.

Des Dieux que nous servons connois la différence ;
Les tiens t'ont commandé le meurtre & la vengeance,
Et le mien, quand ton bras vient de m'assassiner,
M'ordonne de te plaindre & de te pardonner.
VOLT. ALZIRE, TRAG.

A PARIS,

Chez GUEFFIER, jeune, Imprimeur, quai des
Augustins, N°. 17.

1792.

ADRESSE

AUX

FRANÇOIS ÉMIGRÉS.

Avant que la Nation françoise déploie contre vous l'étendard de la guerre, j'entreprends de vous combattre. C'est à vos esprits, à vos cœurs, à vos ames, que je porte le défi. J'attaque votre raison, votre sensibilité, votre courage. Si les passions qui vous tourmentent peuvent s'appaiser un moment, si vous n'avez point fait divorce avec l'humanité, s'il est en votre pouvoir encore de choisir des exploits dignes de vous, arrêtez & écoutez.

La nation françoise a voulu changer la forme de son gouvernement; sa seule volonté fut son droit; elle l'a voulu, & elle l'a pu vouloir, puisque la première condition des hommes en société, fut qu'ils seroient régis par des loix émanées de la volonté générale. Elle l'a voulu, & elle l'a fait, parce qu'elle étoit libre, & qu'elle le sera toujours de s'imposer des loix qui lui conviennent. Après quatorze cents années d'un gouvernement que chaque siècle a vu dégénérer & s'altérer, cette nation a connu le

A

befoin d'une révolution dans les principes, pour l'opérer plus infailliblement dans les réfultats. Une convention nationale s'eft formée, & a établi un nouvel ordre, une conftitution. La majorité abfolue des François a applaudi à cet ouvrage, & le Roi de France lui-même a accepté cette nouvelle conftitution de l'empire, qu'il a juré, avec la nation, de maintenir de tout fon pouvoir.

Quelques individus de France cenfurent cette conftitution. Ne pouvant parvenir à la faire changer ou modifier par la majorité abfolue des citoyens françois qui la veut telle qu'elle eft, ils menacent de la détruire par les armes, & déja leurs bataillons fe forment fur un territoire étranger, aux portes de nos villes frontières. Leur petit nombre ne leur promettant aucun fuccès, ils follicitent les puiffances étrangères à s'unir à eux, & à porter la terreur & la mort au fein de la patrie qu'ils abandonnent.

Les potentats d'Europe, inquiets pour leur orgueilleufe puiffance, fe coalifent ; & bientôt la tyrannie va diriger fes efforts contre la liberté françoife. Notre conftitution eft achevée, & ils cherchent à la renverfer ; nous aimons la paix, & ils veulent porter le trouble dans nos foyers ; nous avons échangé l'esprit de conquête contre celui de liberté , & ils nous préparent des fers ; nous avons juré de maintenir notre constitution jusqu'à la mort , & ils s'arment pour nous rendre ou parjures, ou victimes.

Voilà, François émigrés , notre mutuelle position ; voilà nos droits, nos loix, notre patrie ; voilà vos projets, vos attentats contre nous. Quelle est donc la source de cette diversité d'opinions ; de cette animosité meurtrière ; des outrages que vous nous faites ; des complots que vous tramez ? Pourquoi cette haine contre la constitution françoise ; cette fureur de la détruire ? Seroit-elle donc si monstrueuse, cette constitution , qu'elle ne vous offrît que des résultats immoraux & dangereux ? Ou plutôt , la trouveriez-vous si sublime, qu'elle vous paroîtroit impraticable ?

Examinons ensemble , sans préjugé, cet ouvrage sorti de la main des hommes. Vous êtes éclairés ; je ne vous demande que de la franchise.

Mais, à ces mots, je vous entends m'interrompre, & me dire d'un ton décisif & tranchant : « votre constitution est manquée dans ses bases. Elle n'est point faite pour le peuple

» françois, pour ce peuple vieux & voué à ses
» habitudes. Il falloit au moins rhabiller le
» gouvernement françois avec des vêtemens
» françois ; s'attacher à consolider la monar-
» chie dans son essence, en donnant à la no-
» blesse françoise un caractère vraiment grand
» & distingué ; se garder sur-tout de faire
» connoître au peuple sa dangereuse force ;
» éloigner la puissance de ses mains, & lui
» faire un meilleur sort, sans qu'il en devine
» l'arbitre ; il falloit mesurer la liberté aux
» tempéramens, & la placer dans le sanctuaire
» des vertus, pour la rendre inviolable ; con-
» server les biens du clergé, afin d'inspirer
» du respect pour les propriétés ; il falloit sans
» doute distribuer les contributions de l'Etat
» dans la proportion des fortunes particulières,
» mais maintenir les distinctions, ainsi que la
» nature, prodigue ou avare de ses dons, les
» établit dans tous ses ouvrages. Vous avez
» au contraire proclamé une égalité extrava-
» gante, & par-là, propagé l'esprit de révolte
» & d'anarchie dans vos provinces. Nous
» sommes aussi françois, quoiqu'émigrés pour
» quelques instans de notre patrie. & nous
» ne souffrirons pas la subversion de tous les
» principes consacrés par les exploits de nos

» ayeux. Nous rentrerons en France, soit par
» l'acquiescement de la nation à nos justes
» demandes, soit enfin, s'il le faut, par les
» portes de la victoire. »

» Ne voyez-vous pas qu'en déclarant le peuple
» souverain, vous vous êtes ôté tout gouver-
» nement stable & permanent ? Le François est
» léger par caractère, & inconstant par goût;
» il se passionnera un jour pour la gloire,
» un autre pour la mollesse, un autre pour
» le boulversement & le pillage, & celui-là
» n'est-peut-être pas éloigné; de-là les agita-
» tions continuelles, les différens partis, les
» excès, la discorde & sa perte. Il falloit adou-
» cir ses destinées, lui donner de douces er-
» reurs, lui rendre son aimable enjouement,
» avoir l'art de l'enchaîner avec des fleurs, &
» lui procurer une félicité toute entière rela-
» tive à son espèce ; autrement il tournera sa
» liberté contre lui-même. Son fort est de
» se détruire par les moyens qui l'ont rendu
» si redoutable. Nous voulons donc une cons-
» titution moins métaphysique, mais plus propre
» au maintien de l'ordre public. Nous ne la
» fondrons pas sur l'égalité des droits, mais
» sur les devoirs de tous. »

Voilà donc de bonne foi, François émigrés,

votre politique & ses projets. Est-ce bien à la fin du dix-huitième siècle, dans la quatrième année de la liberté françoise, que vous pouvez nous tenir ce langage ?

Eh ! quoi, sérieusement vous auriez desiré qu'on ne fît que recrépir le gouvernement françois ? Croyez-vous qu'il eût encore quelques parties saines ? Ne voyez-vous pas que les ruines s'amonceloient de toutes parts, & que tenter de réunir des matériaux usés, c'étoit menacer l'édifice d'une chûte prompte & terrible ? Ne voyez-vous pas que les abus de tout genre avoient dénaturé les établissemens primitifs, qu'ils avoient percé à jour ces monumens de grandeur, ainsi que la faulx des temps mutila les merveilles du monde ? Et vous ne voulez pas qu'on disperse ces antiques décombres de notre vieux gouvernement ? & vous vous opposez à ce qu'une nouvelle architecture vienne frapper les regards du peuple, & lui offrir des distributions plus simples, plus également réparties pour la commodité publique ? Et d'ailleurs, les individus épars avoient-ils quelque mérite ? N'étoit-il pas temps de n'en faire qu'un tout national que l'amour-propre pût aiguillonner, que la gloire vînt annoblir ? Le gouvernement avec ses absurdes préjugés, convenoit-il à des hommes éclairés qui n'avoient plus que des ver

tus à acquérir ? L'efclavage & la honte d'être au
dernier rang, quand on fe fent digne d'être libre,
& d'occuper un pofte éminent, ont-ils jamais
élevé l'ame & produit des héros ? Depuis que les
Francs fe font réunis fous l'empire monarchique,
quels fiècles d'illuftration peuvent-ils citer qui
aient opéré leur grandeur & leur félicité ? Barbares dans leurs premiers âges, ferfs fous plus
de deux races, toujours aux ordres de leurs
maîtres, foit pour faire la guerre, foit pour
acheter la paix, foit pour mettre, au gré des
courtifans, leurs contributions aux pieds du
trône, ils furent conftamment des machines
d'obéiffance, & n'ont dû les intervalles de leur
tranquillité qu'au fommeil ou à la fatiété de leurs
tyrans.

Ont-ils jamais émis un vœu pour leur avantage?
Leur a-t-on permis de faire entendre les cris de
leur mifère & de leur opprobre ? & vous voudriez
les replonger dans leur filencieufe baffeffe ! Vous
ne fongez donc pas à leur faire aimer & pratiquer
la vertu ? Non, vous trouvez mieux votre compte
à les dégrader, à les flétrir, afin qu'oubliant leur
caractère facré d'homme libre, ils continuent
d'être l'inftrument de vos plaifirs, & les merce-
naires de vos vices.

Pardon, fi je vous outrage, ce n'eft pas mon

deſſein ; mais j'ai cru voir la trame des plus odieux complots, & mon ame a frémi trop tôt peut-être. Je reprends vos objections, & j'y réponds ; car c'eſt ici votre raiſonnement, vos principes que je combats.

Vous le trouviez cependant bien avili ce peuple françois, & vous en faiſiez déja bien peu de cas. De quelle manière l'euſſiez-vous ſoulagé ? Quel avantage en eût-il retiré ? Sa condition en fût-elle devenue plus digne d'un être penſant ; ou votre pitié ſe fût-elle bornée à le faire vivre moins pauvrement ? Hélas ! je le vois ; en lui dictant des loix vous-mêmes, vous ne lui aſſuriez que du pain. Vous lui procuriez l'exiſtence des brutes... Allez, votre amour prétendu pour lui eſt un outrage à la nature, & à Dieu même.

Il méritoit ſans doute un ſort plus élevé ; mais pour le lui procurer, il étoit néceſſaire de lui rendre ſa dignité d'homme, de lui en faire connoître toute la grandeur. Le préjugé de naiſſance, ce fléau deſtructeur de toute émulation, de toute énergie, cette ſource des malheurs publics devoit le premier diſparoître à l'aſpect de la raiſon. C'étoit en vain que l'on eût eſſayé de donner au gouvernement françois une forme ſalutaire au peuple, ſi l'égalité des droits n'eût été reconnue & proclamée. C'eſt à cette égalité qui vous ré-

votre, que vous regardez comme l'arme deſtruc-
tive de la monarchie, que l'homme de bien
reconnoît la voix ſage, la main pure & bienfai-
ſante de l'homme de bien. L'égalité des droits
établit ſur la terre le règne de la juſtice, en doit
bannir à jamais les crimes & leurs horreurs.
Quelle maxime plus favorable aux peuples a jamais été publiée ? Cette égalité bien entendue
place tous les hommes aux poſtes où leurs lumières,
leurs talens, leur ſageſſe, leurs vertus les appellent. . . . Mais ici vous vous écriez : « le peuple
» eſt ignorant, le peuple eſt audacieux, le peuple
» eſt vil. Cette égalité, au lieu d'amener au but
» que ſe propoſent les philoſophes, va plonger la
» France dans une anarchie effroyable : tous vou-
» dront gouverner, aucun n'obéira ; chacun diſ-
» putera ſes droits avec violence, & la balance
» politique ſera rompue. Qu'elle eſt abſurde &
» fatale cette déclaration des droits ! Elle ne pour-
» roit s'adreſſer qu'à un peuple débonnaire &
» religieux, & dès-lors même la jalouſie, l'am-
» bition, la vanité & toutes les paſſions tu-
» multueuſes du cœur humain auroient bientôt
» troublé tout accord philoſophique. C'eſt le
» fruit le plus pernicieux aux ſociétés : il vient
» de l'arbre de la ſcience du bien & du mal,
» Auſſi avez-vous appelé la confuſion & le

>> défordre dans votre fein. Vous avez fonné
>> le tocfin d'une indépendance effrénée ; vous
>> avez brifé les fers d'un efclavage ignoré, pour
>> armer la licence des lâches & le fanatifme des
>> infenfés. L'ignorance & la foiblesse font les
>> bafes folides de la félicité pour des hommes
>> obfcurs, dont une confiance aveugle dans leurs
>> maîtres peut feule entretenir la paix au milieu
>> d'eux. >>

Qu'ai-je entendu, François émigrés, & quelle
erreur vous aveugle. Si la conftitution françoife
indique l'étendue de cette égalité, la raifon ne
vous en fixe-t-elle pas les limites ? Pouvez-vous
divaguer ainfi, & abufer de la fageffe humaine, pour la calomnier ? Ou voyez-vous que
cette égalité conduife à la confufion ? Les citoyens
françois intéreffés à choifir leurs fonctionnaires,
ont-ils eu & auront-ils la ftupidité de confier leur
fort à des ineptes ou à des furieux ? Se font-ils
donné, & fe donneront-ils des foliveaux ou des
hydres pour s'adminiftrer ? Si les lumières n'ont
pas encore éclairé tous les François, fi l'éducation n'a pas généralement inftruit & épuré tous
les citoyens, les affemblées primaires & électo-
rales ont-elles aveuglément appelé aux emplois
publics des hommes ignares ou pervers ? La fainte
égalité a-t-elle difpenfé des connoiffances, &

suffit-il d'être François pour obtenir le suffrage public ? Détrompez-vous, François sans patrie, le choix d'une nation libre s'est porté sur des François instruits & patriotes. Ce sont ceux qui aiment leur pays, qui veulent l'illustrer, le défendre, y porter l'abondance, la paix, la prospérité, y maintenir l'honneur & la dignité du citoyen, l'embellir & le rendre heureux; ce sont ceux-là seuls qui en ont annoncé les moyens, qui ont obtenu la confiance de leurs égaux. Le peuple est, je l'avoue, facile à séduire, à égarer, mais il est aussi bien docile à la voix de la vérité & de la vertu. Le peuple est plein de confiance en l'homme de bien qui l'éclaire & le guide. Le peuple ne demande que son bonheur; il sera donc toujours porté à le déposer dans des mains bienfaisantes & sages. Le peuple a ses propriétés à conserver; ce sont ses enfans, & il ne les exposera jamais à la misère & à la mort. L'anarchie tue son industrie, & le règne des loix fait sa fortune. Il respectera donc sa constitution, & demeurera toujours le même, parce que les révolutions font sa perte. Le peuple est laborieux, & trouve dans son activité la source de son aisance & de sa consolation. Il sera donc ennemi de tout art enchanteur qui lui offriroit un plaisir menfonger, en l'éloignant de fon travail. Il lui faut cependant des délaffemens, des fêtes, une marque extérieure de félicité, mais c'eft dans l'appareil des vertus publiques, que fon ame doit trouver des jouiffances. Eloignez de fes yeux toute féduction qui tendroit à le rendre oifif & vicieux, & vous le formerez fans peine à tout ce qui eft bon & honnête. L'éducation pénétrera en lui par fes fens, & elle fera plus durable que celle qui vous vient de l'efprit. Ceffez donc de calomnier cette égalité qui, née avec l'homme & pour fon bonheur, ne deviendra jamais un fléau pour lui, mais une protection recommandable pour fes talens & fes vertus. Le citoyen doué des qualités précieufes qui le rendent cher à fes femblables, ne végétera plus ifolé & fans fonctions; la voix du peuple, la voix de Dieu l'appellera, le fortira de fa retraite paifible, pour l'élever au pofte de l'utilité publique. Sa modeftie ne nuira plus à fa fortune & à fa gloire. Il entendra le fuffrage de fes frères, & fes talens ferviront fa patrie. Malheur, malheur à ceux qui chercheroient à tromper leurs concitoyens! malheur aux cœurs corrompus, aux ames froides, qu'une baffe & fordide ambition décideroit à fe mettre fur les rangs! bientôt ce peuple outragé les auroit profcrits dans l'opinion, & plongés dans une nullité avilissante. Ce n'est plus par des mines, par des mots, qu'on surprend la faveur; on ne peut l'acquérir que par des talens vrais, on ne peut la conserver que par des vertus constantes; & ce ne sont pas de vaines conjectures que j'avance. Jugez de la bonne foi, du discernement, de la prudence du peuple françois par les encouragemens, les éloges, l'amitié qu'il accorde aux sages amis de la patrie, & comparez ce saint respect dont il honore ses défenseurs, à la fureur qui l'anime contre ceux qui osent insulter à sa constitution, & menacer sa liberté, ses droits & sa puissance.

Un semblable peuple n'est pas assez imprudent pour compromettre ses intérêts, & pour déchirer lui-même l'empire qu'il a conquis. Il n'est point vil ce peuple qui connoît ses droits, & qui en fait jouir. L'esclavage pouvoit le rendre abject, mais la liberté donne à son ame une élévation toute nouvelle. Le trouble seul qu'on apporte dans l'exercice de sa liberté, semble en altérer la douceur. Il est défiant, soupçonneux, parce qu'il craint qu'on ne lui enlève ce dépôt précieux. Pour vous en convaincre, François émigrés, venez voir de près ce peuple auquel vous insultez, sans vouloir le connoître.

Venez apprendre ce qu'il vaut, en obſervant ce qu'il fait, & vous pénétrer enfin de ſa loyauté, de ſa généroſité, de ſa franchiſe, par l'accueil fraternel qu'il eſt encore diſpoſé à vous offrir.

Vous qui ne deſirez, dites-vous, que la gloire & la proſpérité de votre patrie, vous qui n'aſpirez qu'à lui rendre ſon éclat & ſa félicité, qui vous arrête? Pourquoi prolongez-vous ſa révolution; pourquoi travaillez-vous à ſa ruine; pourquoi vous armez-vous contre elle? Lorſqu'elle vous tend encore les bras. Ne lui devez-vous pas vos travaux, votre vie? N'a-t-elle pas le droit de les réclamer, & de vous punir de votre ingratitude, ſi vous la refuſez? Que vous doit-elle, lorſque vous la menacez? La mort, oui la mort! & cependant cette mère vous appelle encore ſes enfans.

Mais vous craignez pour vos perſonnes; vous ne vous croiriez pas en ſûreté au milieu de nous. Vous redoutez la vengeance d'un peuple que des reſſorts criminels, dites-vous, font mouvoir. Détrompez-vous, ou plutôt ceſſez de nous bercer d'illuſions. Vous ſavez trop combien la nation françoiſe eſt généreuſe, & d'avance vous êtes aſſurés de l'oubli de vos égaremens. Vous ſavez trop que les loix veillent sur la vie & les propriétés des citoyens; & si des scènes barbares ont un instant déshonoré le caractère françois, vous savez trop quelles en furent les causes, les auteurs & les agens. Vous savez trop que la nation ne veut plus de sang, & qu'elle réprouve & poursuit tous les scélérats qui cherchent à la replonger dans de nouvelles horreurs. Vous savez trop qu'elle n'aspire plus qu'à la paix & à une liberté sans tache. Ne différez donc plus, François émigrés, à rentrer dans votre patrie; rendez-lui tout ce que vous lui avez ravi. Rendez-lui ses enfans. Venez vous mêler dans ses assemblées primaires, & y répandre cet esprit de sagesse dont vous vous prétendez si animés; venez-y balancer par votre présence, si vous redoutez les intrigues *des faiseurs*, ces petites cabales qui n'en imposent jamais au religieux observateur des loix, & qui ne peuvent ébranler la conscience du sage. Venez remplir vos devoirs, & vous serez respectés.

Vous aimez votre Roi, vous voulez le servir, vous vous armez pour le défendre, pour rendre à son trône sa majesté, à son pouvoir sa force, à son sceptre sa liberté. Quel délire est donc le vôtre ? Pouvez-vous donner à Louis XVI un titre plus beau que celui dont la nation l'a décoré.

Il n'étoit que Roi de France, il est aujourd'hui le Roi des François. Chaque citoyen peut dire: c'est mon Roi, c'est mon protecteur, c'est mon père; il règne par les loix, & les loix règnent avec lui. Ce n'est plus le monarque d'un pays, c'est celui d'un peuple. La constitution lui a donné des affections qui étoient inconnues à ses semblables; elle l'a rapproché de l'espèce humaine; elle l'a rappelé à l'état d'homme, en éloignant de son esprit cette chimère des empires, dont tant de Rois ont fait, aux dépens de leurs peuples, leur fatale illusion. Louis XVI ne dira plus: je règne sur une surface de dix mille lieues de pays, mais je règne sur vingt-quatre millions d'hommes sensibles, bons, généreux, bienfaisans, laborieux, sages, justes & libres; de quelles vertus ne dois-je pas m'environner pour être digne de ma couronne!

Vous voulez le servir, dites-vous, ce Roi dont vous empruntez le nom pour nous troubler, & vous êtes ses plus cruels ennemis! Vous le rendez suspect à son peuple, vous l'entourez lui-même de défiance; vous répandez l'amertume sur ses jours, & vous lui préparez un règne déplorable. Quoi! lorsqu'il ne cesse de vous appeler à lui, lorsqu'il met tout en usage pour vous faire connoître sa volonté, vous feignez

de douter

de douter encore de ſes intentions, & vous les calomniez par vos refus. On croiroit plutôt, à votre conduite, que vous ſervez un parti contraire à ſa couronne, & que vous êtes vendus à des uſurpateurs. Mais n'eſpérez pas de pareils ſuccès. Les droits au trône ſeront défendus comme les droits du peuple. La conſtitution françoiſe les garantit tous. La nation a prononcé anathême contre les innovateurs qui, de ſon ſein même, propoſeroient une autre forme de gouvernement. Elle reſtera ce qu'elle eſt, parce qu'elle veut être ainſi; & bientôt l'ordre naîtra pour elle du déſordre combiné contre ſon repos.

Vous n'avez donc aucunes raiſons valides pour vous éloigner de votre patrie; vous ne pouvez couvrir vos deſſeins ambitieux d'aucuns prétextes admiſſibles. Pourquoi ſeriez-vous ſourds à la voix de vos concitoyens ? Il faut enfin le dire, c'eſt parce qu'ils vous offrent le partage d'une conſtitution qui vous déplaît. Voilà le mot, la conſtitution qui établit l'égalité, humilie votre orgueil, & révolte votre fierté.

Hommes ſuperbes que l'amour propre égare, quelle conſtitution voudriez-vous nous propoſer ? La ſageſſe humaine en pouvoit-elle faire une où les droits de la monarchie fuſſent mieux alliés avec les droits de la juſtice, où le peuple & le

B

Roi fuſſent plus unis, plus rapprochés pour la ſurveillance générale, & la conſervation de tous? Comment pouvez-vous concevoir le bonheur d'un peuple dans un gouvernement où il n'eſt rien ? Quelle confiance voulez-vous qu'il ait dans ceux qui, depuis tant de ſiècles, le mépriſent & l'accablent ? Eſt-il donc un atôme aux yeux de l'orgueil, & vous croyez-vous d'un autre limon que lui ? Vos titres, vos dignités vous ont élevé l'ame; dites plutôt qu'elles vous ont corrompu le cœur ; car la véritable élévation ne naît pas des décorations de la faveur, mais prend ſa ſource dans la modeſtie & la droiture des ſentimens.

Mais quelle fin vous propoſez-vous ? Ignoreriez-vous que la vanité fût toujours la marque ſûre de la baſſeſſe, & que les orgueilleux n'ont point d'amis ? Sur quel fondement appuiriez-vous votre fortune ? Sur la ligue des Potentats ?..... Mais il eſt douteux que les peuples d'Europe conſentent à reſſerrer leurs chaînes, en combattant contre le génie de la liberté. Seroit-ce ſur la déſunion des François, que vous appuiriez votre eſpoir ? Malheureux !.... La ruine de votre patrie ne vous effraieroit pas ? Vous auriez des ſuccès, aux dépens du ſang de vos frères !.... Mais je vous le prédis en me raſſurant, la rébellion ne pénètrera jamais dans la France Tous les citoyens, tous, tous défendront leurs loix & leurs foyers. A votre ligue de tyrans ils opposeront une armée d'hommes libres, à vos fureurs le courage & l'héroïsme de la vertu.

La passion vous aveugle, François émigrés, & tue votre esprit. Vos complots ne peuvent réussir, & vous conduire au but que vous cherchez. Vos plans sont insensés, vos projets ridicules ; vous marchez d'erreurs en erreurs, d'abymes en abymes ; vous échouerez par-tout, & la destinée fatale qui vous attend, ne vous laissera bientôt plus de choix qu'entre une vie honteuse & un trépas sans gloire.

Votre raison est-elle enfin éclairée, & si le désespoir l'égare encore, faut-il que j'attaque vos cœurs, & que, pour les ramener à votre patrie, je leur porte le coup le plus sensible & le plus accablant ?

Avez-vous donc oublié, lâches & cruels ennemis, que vous avez laissé dans notre sein tout ce que la nature vous donna de plus cher & de plus précieux ? N'entendez-vous plus les cris de ces femmes & de ces enfans qui redemandent en pleurs leurs époux & leurs pères ? Auriez-vous renoncé aux liens du sang & de l'amitié ? Méconnoîtriez-vous vos parens, vos amis, votre patrie qui les renferme, cette chère patrie qui vous donna des foins dans votre enfance, qui cultiva votre jeuneffe, qui vous protégea toujours, à laquelle vous êtes redevable de vos talens & de votre fortune ? Mais à qui appartiennent donc ces familles infortunées qui s'élancent au milieu du carnage, pour en partager ou en arrêter les fureurs ? Hélas ! C'eft la guerre du fang contre le fang ; des pères, des enfans, des amis s'égorgent, & des pères, des enfans, des amis fe méconnoiffent ! La nature frémit, & la barbarie n'abandonne pas le champ de bataille ! La nature éplorée revendique fes droits, & de nouveaux forfaits répondent à fes gémiffemens !

O guerre malheureufe, guerre atroce, guerre profcrite par le ciel & la terre ! Fanatiques ennemis ! Lorfque la nation françaife annonce à l'univers fa pacifique morale, lorfqu'elle avertit les peuples, qu'elle renonce à l'art perfide des conquêtes, qu'elle fe confacre toute entière à la fageffe & à l'humanité, vous viendriez enfanglanter fon fol, exciter fa vengeance, & détruire fes vertus. Il n'y a donc de facré pour vous, que l'orgueil ? En quittant votre patrie, vous avez donc perdu tout caractère humain & fenfible ? Vous êtes cependant tous François. Ah ! portez vos regards vers ces campagnes fertiles que vous avez abandonnées ; voyez vos concitoyens, vos amis ;

regardez ce fexe foible & touchant, ces enfans au bas âge, l'efpoir des générations futures, & ofez être barbares.

Quel aveuglement funefte vous fait méconnoître nos vertus ? Mais, que dis-je, c'eft parce que vous comptez fur notre humanité, fur notre douceur, que vous tramez une contre-révolution. Vous favez d'avance que nous avons mis vos biens fous la tutelle de la loi, que nous veillons fur vos familles, que nous défendrons les jours de vos femmes & de vos enfans, au moment où vous attaquerez les nôtres. Tant de loyauté ne vous touche pas ; vous êtes encore difpofés à nous combattre ? Puiffe le Dieu des armées vous livrer à l'efprit de défordre & d'erreur : voilà le feul vœu que forme contre vos fanguinaires complots un François patriote.

Mais enfin, fi ce peuple que vous provoquez, que vous infultez, que vous voulez affervir, vous rendoit outrage pour outrage, crime pour crime ; fi fes magiftrats impuiffans ne pouvoient arrêter le torrent de fa fureur ; fi le fang innocent couloit de toutes parts ; fi les torches de la vengeance embrafoient vos propriétés ; fi tous les fléaux réunis tomboient fur la France ; fi vos femmes, vos enfans devenoient la proie de la rage effrénée. . . . . Vous frémiffez ! Eh bien,

François émigrés, ces horreurs, ces atrocités, ces monstrueuses barbaries seroient votre ouvrage. C'est vous qu'il faudroit accuser de ces meurtres horribles, de ces attentats odieux. C'est vous qui auriez armé de poignards & de feu des hommes égarés par la colère, vous en auriez fait vous-mêmes les instrumens terribles des vengeances célestes, & les ministres effroyables de la mort.

Scène de douleur & de honte, éloignez vous à jamais des regards de la nation françoise ! Dieu tutélaire, veillez sur vos enfans, sur la patrie des hommes libres & bons que vos décrets appellent à une destinée plus heureuse.

Ah ! Sans doute, François émigrés, votre cœur sensible fait les mêmes vœux que le mien pour le bonheur des hommes. Vous n'exposerez pas votre patrie aux horreurs que je ne trace qu'avec effroi ; & afin de détruire à jamais tout prétexte de guerre, pour éloigner tout souvenir désastreux, pour abjurer toute division, vous reviendrez vous réunir à vos familles en larmes ; vous donnerez à la France un spectacle digne des belles ames ; vous ferez un pacte nouveau avec votre patrie, & vous vous honorerez d'un retour qui assurera la gloire, la prospérité, la paix & le bonheur de l'empire françois.

Car c'eft à cette feule époque, vraiment écla-
tante pour vous, que je puis reconnoître votre
grandeur d'ame, votre courage, vos vertus.

L'héroïfme eft inféparable de la générofité &
de la juftice. Les hommes à conquêtes ont été les
bourreaux de l'univers. La gloire vraiment digne
d'éloges, c'eft de fe vaincre foi-même. Les champs
de l'honneur ne font pas où combat Alexandre ;
c'eft dans fa tente après la victoire, lorfqu'il ref-
pecte la femme du roi des Perfes. Le grand Condé
fut plus grand lorfqu'il quitta le commandement
des troupes efpagnoles, qu'il ne le fut à la jour-
née de Rocroy.

Où feroit donc pour vous, François émigrés,
la fource des belles actions, & comment vous
propoferiez-vous de vous illuftrer ? Seroit-ce en
livrant les dépouilles de votre pays au partage des
ambitieux fouverains ? Seroit-ce en les divifant
entre vous, & en donnant à chacun des chefs de
votre entreprife un royaume particulier ? Avez-
vous le projet de multiplier les couronnes, & de
conftituer différens efclavages ? Avez vous déja
combiné la pefanteur des chaînes qu'il convient
de diftribuer à chaque département de France ?
Appelez-vous ainfi hauts faits, gloire, nobleffe,
des actes de tyrannie & de trahifon ? La haine,
le défefpoir, fymptômes de la baffeffe, pourroient
feuls diriger de femblables projets.

Vous formez donc d'autres desseins plus mé-
morables, plus auguftes, plus conformes à cette
illuftre origine qui fait aujourd'hui votre feule
fierté. Vous voulez corriger ce que vous trouvez
de défectueux dans la conftitution françoife,
mettre la dernière main à ce grand œuvre, & le
rendre digne des hommages de la terre par une
latitude de perfections qui lui manque.

Si vous aviez reçu du ciel cette miffion facrée,
& que le fuprême légiflateur vous eût dévoilé le
fecret du bonheur univerfel des peuples, pénétré
de refpect pour les interprètes de la divinité,
j'attendrois dans le calme de la bonne-foi, & avec
le recueillement de la vertu, ces traits de lumière
qui doivent frapper mes efprits, & répandre fur
les mortels le jour de la félicité publique. Sans
doute l'appareil des bienfaiteurs de la terre répon-
droit à leur religieufe doctrine. Au lieu de voir
dans leurs mains des inftrumens de mort, j'y
trouverois le fymbole de la paix, le type de la
concorde, le faifceau des vertus. Leurs oracles
feroient précédés de paroles fraternelles qui ten-
droient toutes à la réunion des efprits & des cœurs.
L'humanité n'auroit plus d'alarmes; ces fages
profonds feroient les amis de toute la nature.

Vaine illufion, chimérique efpérance ! Vous
êtes des hommes, François émigrés, & des

hommes à paſſions humaines. C'eſt ſur le droit
de naiſſance, que vous fondez votre gouvernement;
& cette prévention anti-morale étouffe en vous
tout germe de juſtice.

Vous ne vous diſſimulez cependant pas tout ce
que votre conduite a de contraire à la perſuaſion;
auſſi faites-vous mille efforts pour donner à vos
actions un vernis d'équité. Vous n'avez, à vous
entendre, d'autre but que le bonheur & la gloire
de votre patrie; c'eſt pour rendre ſa conſtitution
pratiquable, pour ranger tous les citoyens françois ſous l'empire du devoir, que vous vous oc-
cupez de nouvelles loix; enfin vous affectez de
montrer dans vos travaux une intention pure &
louable. Nous croiriez-vous aſſez inſenſés pour
ne pas y appercevoir au premier coup d'œil l'é-
goïſme de la vanité.

Me ſeroit-il permis de vous demander ce qu'il
y a d'honorable dans la manière dont vous avez
agi juſqu'à ce jour. En remontant à la première
époque de l'émigration, je vois des princes françois qui, par leur rang, devoient donner au
peuple l'exemple de l'obéiſſance à la volonté générale de la nation aſſemblée, je les vois, dis je,
quitter bruſquement leur patrie, au moment où
le civiſme des citoyens ſe prononce, au moment
où l'étendard de la liberté paroît ſur l'horizon de

la France. Il semble que le terme du pouvoir ar-
bitraire soit pour eux le terme de leur attache-
ment à leur pays. Ils partent, &, comme s'ils
ne pouvoient vivre sans flatteurs & sans esclaves,
ils entraînent à leur suite des flatteurs & des esclaves. Ils intriguent en France, ils dépouillent
ce beau royaume de toutes ses richesses, ils le
calomnient dans les cours étrangères, ils se font
un parti chez nos ennemis. Bientôt ils répandent
l'inquiétude dans l'ame des citoyens assez foibles
pour les écouter, ils les détournent du devoir,
& les font déserter leurs postes. Ils en séduisent
d'autres par l'appas trompeur de leurs bienfaits,
& des François ont une patrie hors du sein de la
France. Ils souffrent que leur indigne agent, cet
exécrable déprédateur de nos finances, monte des
atteliers, fabrique des instrumens à l'aide desquels
notre papier-monnoie est contrefait, & du sein
de ces comptoirs infâmes, ils échangent notre
or, notre argent, les étoffes de nos manufac-
tures, contre ce faux papier. Ils nous menacent
alors, mais sans nous attaquer, & consument
nos forces, nos ressources, notre patience par
une représentation armée qui nous exalte sans
gloire, & nous tue sans succès.

Malgré tant d'attentats, la nation françoise
les invite encore à rentrer dans son sein, elle les

appelle à grands cris, l'amniftie eft publiée, &
la cohorte des princes rebelles s'augmente de jour
en jour.

Je ne rappelle ici, François émigrés, que le
principe de vos outrages, que l'extrait de vos
noirceurs, & je m'efforce pourtant de vous trouver des vertus. ....

Vous voulez un accommodement, une modifi-
cation à la conftitution, ou vous ne rentrerez en
France que par les portes de la victoire. ....

Qu'ofez-vous demander ? Quelle victoire ef-
pérez-vous ? Je ne vois de certain pour vous &
pour nous que la mort.

Ceffez au moins d'être des ennemis cachés.
Montrez-vous dans l'attitude qui vous convient,
& la nation françoife va voler au combat, pour
exterminer des traîtres.

Il m'a donc fallu le prononcer ce mot odieux
que je voulois écarter. Lorfque je vous appelle à
l'héroïfme, vous me forcez de vous avilir. Ah!
François émigrés, il en eft temps encore. Plus
vous vous croyez forts, & plus vous aurez de
mérite à facrifier vos reffentimens au repos de vos
frères. Il n'eft point de trépas glorieux pour
l'homme qui combat fa patrie. La véritable gloire
dont il vous eft fi facile de vous couvrir, c'eft celle
de l'humanité. La plus noble ambition, c'eft de

conquérir les cœurs de ses concitoyens. Venez
donc les rejoindre, & ce peuple que vous mécon-
noissez vous bénira à jamais. Ce cri qui m'échappe
part d'un cœur sensible, & non d'une ame pusil-
lanime. Ne craignez pas que les François effrayés
vous redoutent dans le champ de Mars. Hélas !
leur impatience de vous combattre n'éclate que
trop. Mais je frémis en songeant au sang qui va
couler, je gémis de vos erreurs, je m'intéresse
encore à votre gloire, & j'aime ma patrie. Venez; elle n'attend que vous pour être heureuse &
florissante. Venez offrir des vertus à la constitution françoise en expiation des maux que vous
lui faites. Venez, nouveaux Coriolans, venez
dans les bras de vos Véturies renoncer à de si-
nistres vengeances, & vous livrer aux doux sen-
timens de la nature; vous n'aurez point à craindre
le ressentiment des Volsques.

Eh quoi ! vous voudriez détruire cette sainte
égalité des droits, briser cette arche sacrée où re-
pose la justice? ah ! songez plutôt à vous rendre
dignes de la confiance publique. Abjurez le préjugé de la naissance qui entretient en vous une
orgueilleuse erreur. Mêlez-vous parmi les citoyens
de votre pays, & ne rougissez point de leurs suf-
frages. Le nouveau genre d'honneur qui vous
attend, si vous consentez à servir votre patrie,

porte plus d'émotion au cœur, vous l'éprouverez,
que toutes ces graces de cour arrachées par l'in-
trigue & la flatterie. Vous aurez des plaisirs bien
purs pour récompense d'utiles travaux. Si vous
connoissiez ce peuple tant décrié dont je sépare
quelques scélérats désavoués & proscrits par le
peuple même, si vous saviez comme il respecte
l'homme de bien qu'il a porté aux fonctions publiques & qui justifie son choix par ses talens &
ses vertus, si vous voyiez comme il est docile à la
voix de la raison que la probité fait entendre,
vous cesseriez de le calomnier, & votre premier
desir seroit de participer à son instruction & à sa
félicité.

Venez donc vous créer des affections précieuses,
& puiser dans une nouvelle source de bonheur.
L'indifférence refroidit l'ame, l'amour de ses semblables la vivifie. Adoucir le sort des infortunés,
répandre des lumières utiles, donner de sages
conseils, fournir de bons exemples, faire autant
d'heureux qu'il est en notre pouvoir par tous les
moyens que l'art & la nature nous indiquent;
voilà la vraie grandeur. Comparez, François
émigrés, le sort que vous offre la patrie, à celui
que votre éloignement vous promet. Votre retour
en France assure votre fortune, & rétablit votre
honneur. Vous donnez la paix à votre patrie, vous

devenez les arbitres de la prospérité publique.
Votre émigration au contraire soulève les esprits
& les cœurs des François, expose votre patrie à
devenir le théâtre de toutes les horreurs, & trace
en caractères ineffaçables l'infamie sur vos fronts.
Au lieu de recouvrer les prétendus droits que vous
réclamez, vous perdez ceux qui vous restent.
Enfin vous renoncez à votre tranquillité person-
nelle, vous abandonnez votre patrie, & vous
ignorez où vous en devez trouver une autre. Er-
rans d'états en états, vous ne trouverez d'appui
qu'auprès des trônes, & cette ligue des trônes
n'aura bientôt plus de force contre la liberté des
peuples. Accueillis sans considération, ou rejettés
avec mépris, honteux de vos disgraces, en proie
à vos remords, vous n'aurez plus d'asyle chez les
amis des hommes, vous foulerez avec colère une
terre ennemie, & le ciel vengeur tarira pour vous
les sources fécondes de la nature.

Mais je suppose un instant que vous réussissiez
à associer les peuples d'Europe à vos complots,
que vous parveniez à les armer contre votre patrie,
que vos succès soient marqués par des batailles
gagnées, des villes prises d'assaut, par l'effusion
du sang de vos concitoyens, quel espoir est le
vôtre, qu'en résultera-t-il d'avantageux pour vous ?

Et d'abord vous ne nous persuaderez pas que

vous, & vos souverains, allez combattre pour la cause, pour l'intérêt, pour la gloire de la monarchie françoise. Nous ne sommes point la dupe de ces prétextes. Nous connoissons l'esprit de vos chefs, & d'ailleurs, cette déclaration fût-elle vraie, c'est encore ici le moment de vous protester que ce motif illusoire nous rendroit à jamais vos irréconciliables ennemis, puisque nous jurons de nouveau de ne rien changer à notre constitution. Ainsi le garant que vous nous donneriez de vos démarches, seroit pour nous le signal d'une guerre à mort. Non, nous ne souffrirons pas qu'une poignée de François dicté des loix à la nation entière.

Cette assurance que nous vous donnons sur nos armes, ouvre donc un libre champ à vos rapacités. Mais au milieu de ces conquêtes ensanglantées dont je vous suppose en possession, pourriez-vous vous flatter de partager en paix les malheureuses dépouilles de votre patrie? Croyez-vous que les potentats qui vous assistent aujourd'hui vous laisseroient tranquilles conquérans d'un royaume dont ils sont si jaloux d'envahir les provinces? Non, & je vous le prédis; la guerre de l'iniquité n'enfantera que des crimes. Trahis à votre tour, attaqués & vaincus par vos alliés, châtiés des verges de la rébellion, vous deviendrez les victimes d'usurpateurs plus puissans que vous ; & vos cendres dispersées apprendront à la postérité, que les bourreaux de leur patrie n'ont trouvé dans son sein que des ennemis pendant leur vie, que des outrages après leur mort.

Quel but vous proposez-vous donc, insensés que vous êtes, puisque sous tous les rapports, quelle que soit l'issue de votre entreprise, vous causez à la fois notre malheur & le vôtre? Mais je ne puis cesser de le répéter, il en est temps encore, renoncez à vos projets. La raison, la sensibilité, la vertu vous en font un devoir. Revenez dans votre patrie, elle oubliera vos égaremens. Revenez, François, revenez prendre le seul nom qui vous convienne. Soyez encore, soyez toujours François, & vous retrouverez parmi nous des frères & des amis. Ne craignez aucun ressentiment, aucun affront, aucune injure. Les François savent mieux pardonner que punir. Imitez ces héros de tous les temps, de tous les peuples, qui, reconnoissant leur faute, firent oublier par de brillans exploits, par des vertus patriotiques, leur rebellion envers la patrie. Revenez dans le sein de vos familles y faire renaître la joie & la félicité. Vous aurez offert un grand exemple à l'univers; vous l'aurez convaincu que l'homme de bien, que le citoyen dévoué tout entier à

son

son pays, peut sacrifier son amour propre, son opinion, sa force & toutes ses passions pour le bonheur de ses frères ; vous l'aurez convaincu que si la nation françoise est l'école de la liberté, elle l'est aussi de toutes les vertus sociales.

Et nous qui vous faisons entendre notre voix fraternelle, nous qui vous invitons au retour pour vos propres intérêts, pour la gloire & la prospérité de notre commune patrie, nous ferons tomber de nos mains les armes vengeresses, pour voler dans vos bras, & vous presser contre notre cœur attendri & satisfait. Nous n'en serons point démentis par la nation généreuse dont nous exprimons le vœu ; ce jour de triomphe & de paix fixera désormais parmi nous la concorde, la confiance & l'amitié, en affermissant à jamais, par l'union & l'amour des devoirs de tous, les bases & le couronnement de la constitution françoise.

À Paris, ce 6 Février 1792.

LE MARÉCHAL DE LUXEMBOURG

SEIGNEUR DE COSSIGNY-EN-BRIE

CONTRIBUTION A L'HISTOIRE DES MESSAGERIES
A BRIE-COMTE-ROBERT AU XVIIᵉ SIÈCLE

LE CHATEAU DE COUBERT-EN-BRIE
A LA FIN DU XVIIᵉ SIÈCLE

Par M. le Docteur GOULARD

Membre de la *Société Historique et Archéologique de Brie-Comte-Robert*

Extrait des Numéros 2 à 8
(Année 1914)
De l'INDICATEUR GÉNÉRAL DE SEINE-ET-MARNE

MELUN
TYPOGRAPHIE E. RAPHARD, IMPRIMERIE BREVETÉE
13, RUE DE L'HOTEL-DE-VILLE, 13

LE MARÉCHAL DE LUXEMBOURG

SEIGNEUR DE COSSIGNY-EN-BRIE

CONTRIBUTION A L'HISTOIRE DES MESSAGERIES
A BRIE-COMTE-ROBERT AU XVIIᵉ SIÈCLE

LE CHATEAU DE COUBERT-EN-BRIE
A LA FIN DU XVIIᵉ SIÈCLE

Par M. le Docteur GOULARD

Membre de la *Société Historique et Archéologique de Brie-Comte-Robert*

Extrait des Numéros 2 à 8
(Année 1914)
De l'INDICATEUR GÉNÉRAL DE SEINE-ET-MARNE

MELUN
TYPOGRAPHIE E. RAPHARD, IMPRIMERIE BREVETÉE
13, RUE DE L'HOTEL-DE-VILLE, 13